PRESENTA TUS IDEAS CON FORMA DE VIRUS

ENRIC LLADÓ

KOLIMA
BOOKS

Categoría: Directivos y líderes
Colección: Biblioteca Enric Lladó

Título original: *Presenta tus ideas con forma de virus*

Primera edición: Mayo 2022
© 2022 Editorial Kolima, Madrid
www.editorialkolima.com

Autor: Enric Lladó Micheli
Dirección editorial: Marta Prieto Asirón
Maquetación de cubierta: Mercedes Galán García
Maquetación: Carolina Hernández Alarcón

ISBN: 978-84-18811-88-3

ÍNDICE

SOLOMILLO

Estoy acabando mis explicaciones con unos clientes. Parece que la cosa va muy bien.

Para verificar mi sensación, les pregunto si me están comprendiendo y me contestan cada vez que sí, que está todo clarísimo.

Al finalizar la reunión, mientras tomamos un café informal, uno de ellos empieza a hablar sobre mi propuesta. Descubro con decepción que no ha entendido ni la mitad de lo que le he explicado.

Me parece un poco sospechoso. Decido que en próximas presentaciones me quedaré tomando un cafecito con algunos de los asistentes para verificar sutilmente qué han entendido.

Mis sospechas se confirman cuando descubro que lo mismo me está ocurriendo sistemáticamente una y otra vez.

Me da mucha rabia porque siempre había pensado que yo era un buen comunicador.

Lo peor del caso es que habitualmente han captado las ideas más accesorias, pero no lo más esencial.

La primera conclusión que saco es que preguntarle a alguien si me ha entendido es absurdo.

Porque siempre entenderá algo, aunque sea poco. Entonces pensará en términos absolutos que «ya sabe», que «ya ha comprendido».

Pero en realidad solo ha comprendido una parte de poco valor.

Se ha comido las patatas fritas, pero no se da cuenta de que se ha dejado el solomillo en el plato.

No sabe que no sabe y por eso piensa que sabe.

La segunda conclusión es que si esto me ocurre sistemáticamente, está claro que hay algo que no estoy haciendo bien.

Es evidente que no estoy siendo capaz de transmitir lo más esencial de manera efectiva.

EUREKA

Un día se me ocurre explicarlo de otra manera.

Les presento un dibujito inspirado en la famosa pirámide de Maslow, al que llamo «La experiencia de compra perfecta».

Divido esa pirámide en tres niveles que representan las tres necesidades que cubre mi producto.

Termino mi presentación y me los llevo al café.

Antes de que pueda preguntarles nada, son ellos mismos los que empiezan a hablar de mi pirámide.

Alguno lo hace de tal modo que casi parece que se la haya inventado él.

Cada vez que presento así mi producto obtengo el mismo resultado. La diferencia de impacto me parece tan abismal que decido seguir explorando para descubrir el secreto que hay detrás.

Me gustaría encontrar una fórmula que se pudiera replicar.

La fórmula de las ideas contagiosas.

Mientras tanto, sigo investigando y poniendo en práctica lo que voy aprendiendo y eso me permite posicionarme cada vez mejor en mi empresa.

Hasta que un día, con los conocimientos adquiridos, me establezco por mi cuenta como consultor en comunicación. Así puedo concentrarme aún más en mi pasión.

Continúo estudiando y perfeccionando mi fórmula, ahora para ayudar a mis clientes a comunicar sus ideas con impacto.

Y por fin hoy, quince años más tarde de aquella primera pirámide, siento que ha llegado la hora de escribir este libro.

Me apetece mucho compartir mi fórmula.

Para que cualquiera pueda comprender y aprender rápidamente lo que yo tardé años en descubrir.

PRIMERA PARTE
DAR FORMA

Presenta tus ideas con forma de virus

AGUA

Las palabras «comprender» y «aprender» tienen la misma raíz originaria del latín, el verbo «*hendere*», que significa atrapar, agarrar.

Esto es lo que queremos que los demás hagan con las ideas que les transmitimos: que las atrapen, que las agarren.

Pero a menudo no nos damos cuenta de que las ideas y los conceptos son tan líquidos como el agua.

A nadie se le ocurriría ofrecernos agua directamente de sus manos a las nuestras.

No resultaría muy higiénico y además, antes de que pudiéramos llevarnos el agua a la boca, se nos habría escurrido prácticamente toda entre los dedos.

Lo indicado es que nos la sirvan en un vaso.

EL VASO

El vaso nos permite contener el agua en su interior y transportarla de persona a persona sin perder ni una gota.

Con las ideas también podemos hacer lo mismo.

Podemos meterlas dentro de un recipiente que nos permita hacerlas llegar a los demás fácilmente y sin riesgo de perder su contenido.

Este recipiente es la forma.

LA FORMA

La palabra «idea» viene del griego ἰδέα, que quiere decir aspecto, apariencia, o más específicamente, forma.

De esto se desprende que una idea con poca forma en realidad casi no merecería ser llamada «idea».

Y que, probablemente, si no hemos sido capaces de transmitir una idea es porque no le hemos dado suficiente forma. Tenía poca densidad, era líquida, o incluso gaseosa.

Habitualmente quien nos escucha se queda con lo más trivial porque suele ser lo más concreto y tangible.

Pero cuando subimos el listón al nivel abstracto, que es donde suelen estar las ideas de mayor valor, entonces perdemos a nuestra audiencia. Porque lo abstracto suele tener menor densidad de forma.

Y solo lo que tiene forma, informa.

«In-formar» consiste precisamente en dar forma.

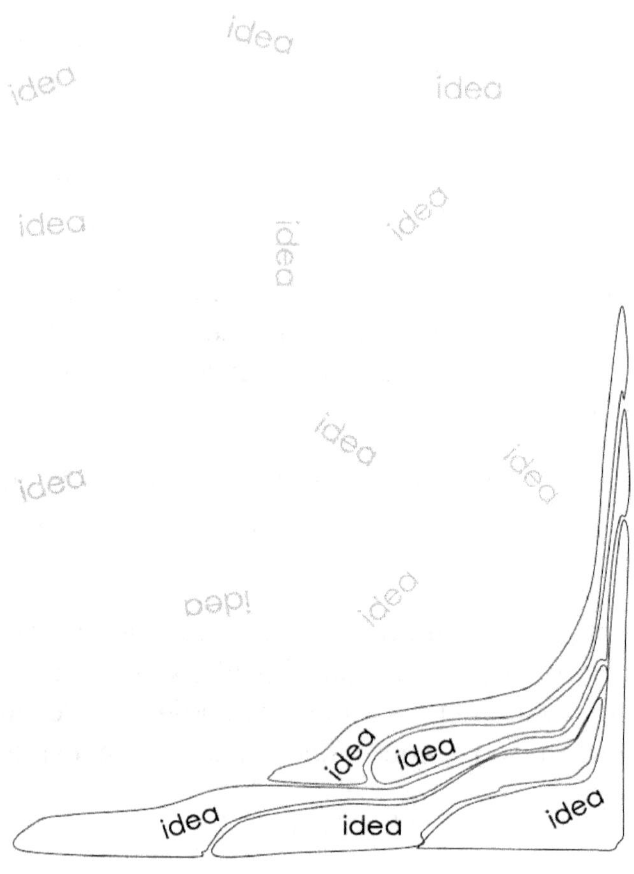

Ideas líquidas y gaseosas.

LA RELACIÓN

Me acerco a un escaparate para ver unas zapatillas y antes de que me dé cuenta, me estrello de cabeza contra el cristal.

Es tan transparente que casi resulta imposible distinguirlo. El dueño de la tienda sale preocupado a ayudarme y me dice que va a colocar unos adhesivos rojos para que no vuelva a pasar.

Solo aquello que puede distinguirse de lo que le rodea tiene forma.

La forma surge de las similitudes y las diferencias.

Lo que la forma contiene está unido entre sí por su relación de semejanza.

Y está separado de lo externo por su relación de diferencia.

La forma es relación.

COMPRESIÓN

Echemos un vistazo a la siguiente tabla durante unos segundos:

69	7	68	42	66	52	43	70	14	78
67	17	59	24	29	13	27	60	6	35
41	28	51	37	1	23	5	36	21	54
58	16	40	38	12	50	22	15	44	34
65	33	48	25	61	2	45	53	19	62
76	57	4	32	18	26	55	3	30	64
77	71	11	47	31	8	39	56	49	20
10	80	75	74	46	73	63	79	9	72

Si ahora alguien tapara esta página con un papel y nos pidiera que recordáramos los números que contenía, ¿cuántos números seríamos capaces de recordar?

¿Cuántos números seríamos capaces de colocar en su correcta ubicación?

La tabla de la siguiente página contiene exactamente los mismos números, pero aparecen relacionados de distinta manera.

1	2	3	4	5	6	7	8	9	10
11	12	13	14	15	16	17	18	19	20
21	22	23	24	25	26	27	28	29	30
31	32	33	34	35	36	37	38	39	40
41	42	43	44	45	46	47	48	49	50
51	52	53	54	55	56	57	58	59	60
61	62	63	64	65	66	67	68	69	70
71	72	73	74	75	76	77	78	79	80

Si alguien tapara esta página y nos pidiera que recordáramos el contenido de la tabla, no solo seríamos capaces de recordar todos y cada uno de los números, sino que además podríamos ubicar cada uno de ellos en su celda correcta.

Al haberlos relacionado entre ellos a través del orden numérico, hemos dado forma al contenido de la tabla.

Al dar forma, todo el contenido ha quedado comprimido en la propia forma.

En lugar de tener que recordar ochenta números diferentes, solo hace falta recordar la forma, es decir, la relación que existe entre ellos.

En definitiva, la forma de las ideas comprime la cantidad de información necesaria para transmitirlas.

Entonces es mucho más probable compartir esas ideas sin pérdidas de información y además también es mucho más fácil recordarlas, porque hace falta menos «espacio de memoria» para «almacenarlas».

Es como dar forma a la ropa plegándola bien antes de meterla en la maleta. Así cabe mucha más y llega a su destino en mejores condiciones.

Como ejemplo final, vamos a comprimir en una sola frase (o forma) todo lo que hemos dicho en las tres últimas páginas:

«La forma comprime la información y la compresión facilita la comprensión».

PRIMER PLANO

El contorno de las señales de tráfico está diseñado de tal manera que contraste con el interior de la señal.

Si el interior es de color, el contorno suele ser un borde fino blanco. Si en cambio el interior es blanco, el perfil suele ser un borde grueso, habitualmente de color rojo.

El objetivo es asegurar que la señal pueda destacar con independencia del lugar en el que se coloque.

Si está emplazada en un entorno muy colorido, el perfil blanco le hará sobresalir. En caso contrario, será el color el que le hará destacar.

Se trata de facilitar el trabajo de nuestra percepción, que consiste básicamente en separar todo lo que percibimos entre el primer plano y el fondo.

La mente separa continuamente las «figuras» del fondo.

Esta estrategia obedece a una necesidad evolutiva: distinguir del entorno a los depredadores y a las presas.

Todo aquello que tiene forma tiende a ser percibido como figura. Y entonces cobra protagonismo respecto al fondo, que tiende a desaparecer.

Como esas ilustraciones en blanco y negro en las que, si somos capaces de ver la forma de las figuras blancas, entonces somos incapaces de ver simultáneamente la forma de las negras, porque se han convertido en fondo. Y viceversa.

Esto significa que para la mente una misma idea resulta más importante cuanto más claramente percibe su forma, porque la ubica en el primer plano al sobresalir como una figura.

Por eso dar forma a nuestras ideas no solo permite transmitirlas mejor, sino que además hace que el receptor, sin darse cuenta, les dé más valor.

El primer plano de la mente se conquista a través de una buena forma.

Imagen clásica de la escuela filosófica de la Gestalt o escuela de la forma. Cuando vemos las caras no vemos la vasija y viceversa.

VIRUMORFISMO

Un virus es un trozo de código genético que se va transmitiendo de organismo en organismo con el único fin de seguir replicándose sin parar.

Su eficacia no tiene parangón.

Porque no solo es capaz de expandirse a velocidades exponenciales, sino que además lo consigue sin hacer absolutamente nada.

Son sus propios huéspedes los que se encargan tanto de diseminarlo como de replicarlo.

Esta inusitada capacidad de contagio la consigue gracias a su forma que, tras millones de años de evolución, ha alcanzado un diseño perfecto para este cometido.

Por un lado dispone de una cápsula que agrupa y contiene su código genético.

De esta manera toda la información puede viajar de un organismo a otro perfectamente protegida en su interior y sin riesgo de dispersión.

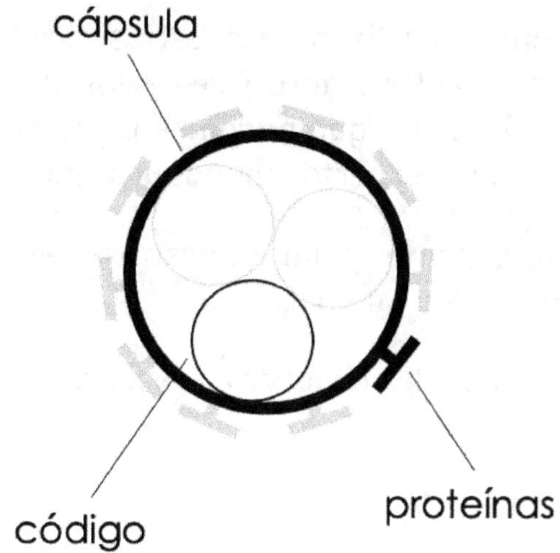
cápsula
código
proteínas

Por otro lado, el código que contiene está dividido en bloques o genes, de tal modo que el huésped lo pueda procesar y replicar fácilmente, gen a gen. Tan fácilmente como si fuera su propio código.

Y finalmente, sobre su cápsula tiene una serie de proteínas que le sirven como anclajes para quedarse agarrado a las células, abrir su membrana e invadirlas.

Si queremos dar forma a nuestras ideas para que sean fáciles de transmitir y se diseminen contagiosamente, lo mejor que podemos hacer es aprender de los mayores expertos mundiales en la materia.

Podemos copiarles y dar a nuestras ideas la misma forma que tiene un virus.

Podemos modelar ideas virumórficas.

SEGUNDA PARTE
AGRUPAR

AGRUPAR

CONCEPTO

La palabra «concepto» viene del latín «concipere», que significa «concebir» y que deriva de *«capere»*, «coger» o «contener».

Un concepto será para nosotros una idea o conjunto de ideas a las que hemos dado la forma suficiente para poder contenerlas y transportarlas sin pérdida de información de persona a persona.

El concepto tiene la misma función que la cápsula del virus: agrupar y proteger el código que contiene para que pueda viajar intacto hasta el huésped, en este caso la mente de nuestro interlocutor.

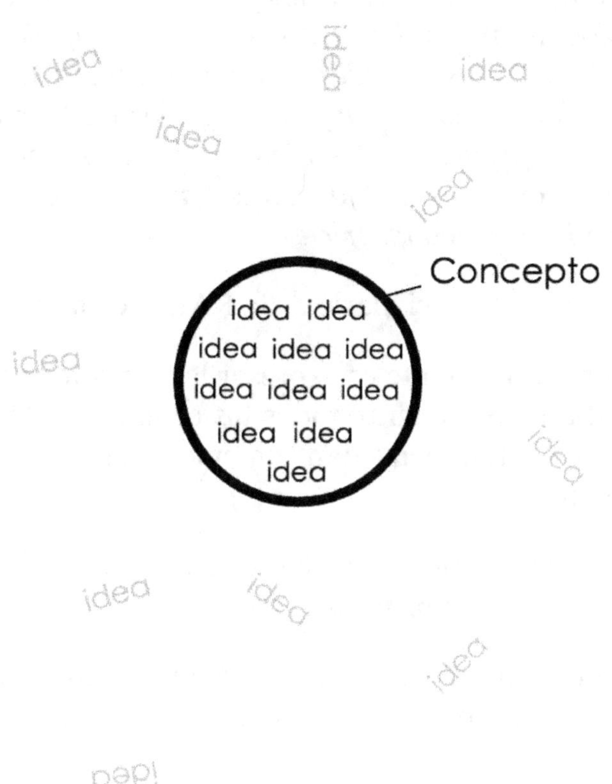
idea
idea
idea
idea
idea idea
idea idea idea
idea idea idea
idea idea
idea
Concepto

EL EXTRAÑO ANIMAL

«Mamífero del orden de los proboscidios, el mayor de los animales terrestres, con cabeza y ojos pequeños, orejas grandes y colgantes, nariz y labio superior unidos y muy prolongados en forma de trompa prensil, y dos dientes incisivos, macizos y muy grandes, vulgarmente llamados colmillos, que vive en Asia y África».

Así define el diccionario de la RAE al elefante.

Definir un elefante es expresar la relación de similitud que existe entre todos los elefantes del mundo, que entonces quedan contenidos en el concepto «elefante».

Al hacerlo también quedan diferenciados del resto de animales y objetos del universo.

De manera general, definir es expresar en palabras la relación de similitud que existe entre una serie de entes.

Al expresar esta relación quedan agrupados en un conjunto o concepto.

Y cada vez que lo hacemos, de manera tácita, también estamos expresando la relación de diferencia que mantienen con todo aquello que queda fuera del conjunto.

Definir es la manera más habitual de agrupar diversas ideas para dar forma a un concepto.

No es casualidad que los antiguos filósofos directamente identificaran conceptos con definiciones.

Las definiciones no son suficientes para que lo que contamos tenga la forma vírica que andamos buscando. Es posible que el lector no haya descubierto el elefante hasta llegar a las orejas grandes o a la palabra «trompa».

Pero las definiciones son absolutamente imprescindibles para exponer ideas complejas.

Y de hecho, la manera más fácil de empezar a dar forma de virus a un conjunto de ideas es precisamente definir lo que llamaremos la idea principal.

IDEA PRINCIPAL

La idea principal de este libro es que para transmitir nuestras ideas con impacto, el secreto es darles forma de virus.

Esta idea principal comprime en una corta definición todo lo que he explicado y todo lo que explicaré a partir de aquí.

Para dar forma de virus a ideas complejas, lo más importante con diferencia es agruparlas encapsuladas mediante una breve definición, a la que llamaremos la idea principal.

Es lo más importante que recordarán quienes nos escuchen y queremos que sean capaces de explicarla al finalizar nuestra exposición.

Partiendo de ella les resultará sencillo recordar todo lo demás.

Sin idea principal no hay forma. Estamos hablando mucho pero no comunicamos prácticamente nada.

El agua se nos escapa entre los dedos.

MENTE Y FORMA

Para la inmensa mayoría de los lectores de este libro, esto son tan solo tres rayas sueltas:

Pero si por casualidad alguno de los lectores conoce el alfabeto *kanji*, en su caso lo que verá es una única forma: el número tres.

Esto quiere decir que la existencia de una forma depende de la mente que la recibe.

Pero además, ahora que todos los lectores saben ya que se trata del número tres, la próxima vez que lo vean es posible que, en lugar de ver tres rayas sueltas, perciban el *kanji* y recuerden su significado.

Esto quiere decir que la mente se transforma al exponerse a diferentes formas.

Mente y forma se afectan mutuamente.

IMPACTO

La mente es el campo donde se manifiesta la forma.

Podemos imaginarla como un enorme colchón en cuya superficie depositamos una serie de objetos, que serían las formas.

Es la superficie la que sostiene los objetos, pero al mismo tiempo también se ve deformada por ellos.

Si pesan poco, la deformación es pequeña.

Pero si por el contrario colocamos una pesada bola de granito en el centro del colchón, se hundirá considerablemente.

Además, al hacerlo, los pequeños objetos que estaban en la superficie se precipitarán hacia la bola de granito.

Definiremos como concepto de impacto aquel que cambia sensiblemente la forma de la mente que lo recibe.

Al cambiar su forma cambia también la manera que tiene de sostener y manifestar las ideas, es decir, su forma de pensar.

LA FREGONA

En una de mis conferencias le pregunto a un asistente si le apetece un poco de agua y me responde que sí.

Entonces abro una botella y la vacío en mi mano, como tratando de agarrar con ella todo el agua que puedo.

Rápidamente me acerco a esta persona y le ofrezco el agua de mi mano. Pero solo quedan unas gotas.

Como por el camino lo he dejado todo perdido, saco una fregona que tenía escondida tras la mesa.

Mientras friego la inundación que acabo de provocar en la sala, voy explicando entre las risas del público que la forma de nuestras ideas es como el vaso que utilizamos para servir el agua.

Estoy seguro de que antes ya habían pensado en la importancia de dar forma a sus ideas para poder expresarlas.

Pero también estoy seguro de que nunca lo habían pensado *de esta forma*.

NOVEDAD

Si aplicamos un molde sobre una masa de arcilla, la arcilla adoptará su forma.

Pero si seguimos aplicando ese mismo molde de la misma manera sobre el mismo lugar, la arcilla ya no cambiará.

Hace falta un molde con otra forma o aplicar el mismo molde de otra manera si queremos imprimir una nueva huella.

Hemos dicho anteriormente que un concepto de impacto se consigue dando forma a una idea principal bien definida. La definición es lo que le da densidad, solidez.

Pero para que la mente cambie, además es necesario que la forma de esta idea principal sea distinta a la suya propia. Que sea nueva para ella.

Colocar de nuevo la misma bola de granito sobre el mismo lugar del colchón que ya está permanentemente deformado no alterará su forma.

EL MARTILLO

En una interesante conversación con mi jefe, un hombre muy sabio, él sostiene que un conflicto es tan solo un problema de comunicación.

Yo me mantengo firme en mi postura: la comunicación es importante, pero mucho más importante es la razón material por la que ha empezado el conflicto.

Como hombre sabio que es, se limita a decirme que quizás yo tenga razón y la conversación termina ahí. Me siento orgulloso de haberle «convencido».

Años más tarde mi carrera da un giro hacia la consultoría en comunicación.

Y un día, preparando una formación sobre manejo de conflictos, recuerdo sus palabras. La diferencia es que, por vez primera, las escucho de verdad en mi mente. Solo entonces logro por fin entenderle.

Y me acuerdo de esa frase que dice que, para aquel que solo tiene un martillo, todos los problemas le parecen clavos.

NECESIDAD

Cuando queremos comprar un coche nuevo, empezamos a ver ese mismo modelo en cada esquina.

No es que haya más; es sencillamente que a nuestra mente le interesan, los busca y los encuentra.

Cuando estamos enamorados de nuestra pareja solo vemos sus virtudes y no sus defectos.

No es que no tenga ninguno; sencillamente a nuestra mente no le interesan, no los busca y no los encuentra.

Porque la mente no es un objeto inerte como el colchón o la arcilla, sino que tiene movimiento propio.

Y solo se aproxima a las ideas que le interesan, cuando cree que las necesita.

Solo entonces, entrando en contacto con ellas, pueden afectarle o «impresionarle».

Solo entonces pueden cambiar su forma.

Para crear un concepto de impacto no solo es necesario dar forma a una idea principal y que esta forma sea novedosa.

También es imprescindible que esta idea solucione una necesidad clara de la mente a la que se dirige.

Solo así sentirá el deseo de aproximarse y entrar en contacto con ella.

Solo a través del contacto es posible transferir la forma de la idea a la mente.

Sin contacto no hay contagio.

SAFETY FIRST

Estoy ayudando al responsable de prevención de riesgos de una fábrica a mejorar los entrenamientos de seguridad para sus operarios.

Está un poco frustrado porque se da cuenta de que ahora mismo los asistentes acuden por mero trámite, pero no ponen la atención necesaria.

Le pregunto qué pasaría si comunicáramos a todos que a partir de ahora, si incumplen las normas, serán despedidos automáticamente.

Me dice que eso no podemos hacerlo porque el sindicato lo impediría.

Yo le pido que simplemente responda a mi pregunta. Si pudiéramos hacerlo, ¿qué pasaría?

Me responde que está totalmente convencido de que todos cumplirían estrictamente con las normas.

Esto significa que hasta ahora no hemos entendido sus verdaderas necesidades.

Para ellos la necesidad de asegurar su puesto de trabajo es más grande que la necesidad de asegurar su integridad física.

Sienten que la primera está en riesgo y que la segunda no.

Por eso los procedimientos de seguridad no les interesan demasiado.

Lo que les interesa es acabar sus tareas lo más rápido posible para poder cumplir diligentemente.

Para el responsable de prevención es muy difícil entender esta extraña lógica psicológica. ¿Cómo puede ser más importante para alguien su puesto de trabajo que su seguridad?

Es su propia perspectiva la que le impide verlo.

Y esto mismo que le ocurre al responsable de la fábrica nos ocurre a todos.

Cuando exponemos nuestras ideas, son nuestras propias necesidades las que nos impiden entender las verdaderas necesidades de nuestra audiencia.

IDEA PRINCIPAL
NECESARIA
NOVEDOSA

ARCILLA

El alfarero siempre empieza su obra agrupando una masa de arcilla mucho más grande de la que al final va a necesitar.

Poco a poco, en el proceso de darle forma, va eliminando lo que considera que va sobrando. Es decir, el alfarero no va añadiendo, sino que va quitando.

Para empezar a definir un concepto haremos lo mismo. Pondremos encima del papel o del Power-Point todas las ideas que consideremos que puedan estar relacionadas.

Entonces buscaremos una definición que las agrupe en forma de idea principal.

En este proceso iremos eliminando la arcilla sobrante, las ideas que no encajan, siguiendo los criterios de necesidad y novedad.

Y mientras lo hacemos descubriremos que también necesitamos ir transformando la definición de la propia idea principal, de manera iterativa.

ESCULTOR DE IDEAS

El bloque de mármol de diez toneladas por fin está descargado.

El transportista le entrega el albarán al escultor y le pregunta qué va a crear esta vez con un bloque tan grande.

Le responde que un caballo.

Meses más tarde, cuando regresa para una nueva entrega, pregunta intrigado por el caballo y el escultor le dice:

—Allí está —mientras señala la escultura de un árbol enorme.

—La piedra me pidió que hiciera otra cosa.

En cuanto empezamos a dar forma a algo, sea una escultura o un concepto, esa forma que emerge empieza a hablarnos.

Si prestamos atención, nos sugerirá nuevos caminos, a menudo mucho más interesantes.

Porque la forma siempre expresa mucho más de lo que sabe su propio creador.

Cuántas veces mientras preparamos la presentación de una idea de negocio y la vamos volcando en el PowerPoint, identificamos fallos y oportunidades que no habíamos tenido en cuenta y que merecen que cambiemos la idea original.

Entonces podemos volver a definirla de otra manera.

Esa nueva definición nos sugerirá nuevos cambios.

Y así sucesivamente, entraremos en diálogo con la forma de nuestras ideas.

Mientras el escultor esculpe la escultura, la escultura cobra vida y esculpe al escultor.

Por eso la respuesta a la pregunta de si las matemáticas se inventan o se descubren es que se inventan y se descubren.

Porque igual que la materia y el espacio, la mente y la forma son solo dos caras de la misma moneda.

TERCERA PARTE

DIVIDIR

DI
VI
DIR

PAQUETES

Para transportar mercancías en un barco, las repartimos en contenedores.

Dentro de los contenedores las repartimos en pallets.

Y dentro de los pallets, en paquetes.

Cuando hablamos con alguien, la mercancía que transportamos de uno al otro son ideas.

Y también las empaquetamos en frases, que contienen palabras, que contienen letras.

Como comunicar implica empaquetar ideas, comunicar implica siempre dividir.

Por ejemplo, cuando agrupamos nuestras ideas mediante una idea principal, ya las estamos separando del resto de ideas que no encajan con su definición.

Pero si además queremos transmitir ideas mínimamente complejas, es bueno que dividamos toda su información en trozos más pequeños.

De este modo será fácilmente digerible por la mente que la va a recibir.

¿Cómo te comes un elefante?

Pues como pudimos ver en la definición de la RAE, a trozos.

Separando la cabeza de los ojos, las orejas, la nariz, los colmillos...

PRÊT À PORTER

Identificar todas las figuras distintas que hay en el siguiente dibujo nos llevará unos instantes y un pequeño esfuerzo.

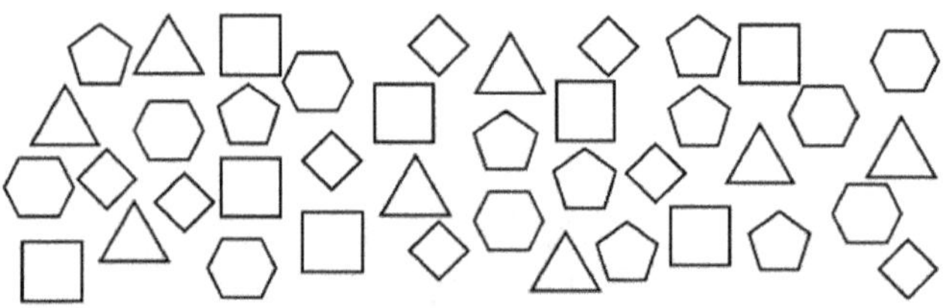

Sin embargo, si dividimos el conjunto en grupos más pequeños y homogéneos, es mucho más fácil identificarlas de un solo vistazo y sin esfuerzo.

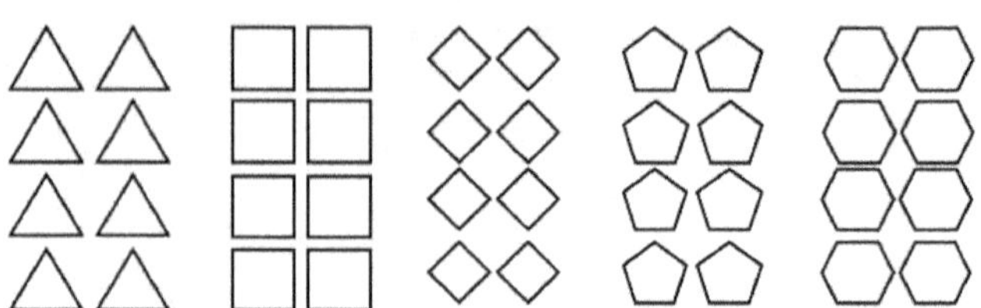

Para presentar un concepto complejo lo más indicado es dividir todas las ideas que contiene en bloques o paquetes uniformes fácilmente procesables por la mente.

De esta manera, en lugar de esforzarse para comprender, sencillamente podrá fluir por la información.

Al fluir con facilidad se multiplica la posibilidad de contagio.

Por ejemplo, invito al lector a que contemple durante un minuto todas las ilustraciones que se muestran a continuación, pero en ningún caso y bajo ningún pretexto puede leer el texto:

Es prácticamente imposible. Tanto como evitar leer el típico grafiti callejero que dice *«tonto el que lo lea»*.

La mente que es expuesta a información fácilmente procesable, sencillamente no puede evitar fluir por ella y procesarla.

Igual que una célula no puede evitar replicar el código del virus que la ha infectado.

TRES VENTAJAS

Transportar la información dividida en paquetes como si fuera una mercancía tiene tres grandes ventajas.

La primera, como acabamos de ver, es que así es más fácil de procesar y manejar.

Por ejemplo, todos los ficheros de nuestro ordenador los tenemos repartidos en carpetas diferentes.

A nadie se le ocurre tenerlos guardados directamente en el escritorio o en una sola carpeta. Porque, si son muchos ficheros, tenerlos así resulta absolutamente inmanejable.

Nos costaría mucho encontrar un fichero cada vez que lo buscáramos, y además al cabo de un tiempo tampoco tendríamos claro qué tenemos guardado y qué no.

La segunda es que así la información viaja mucho más segura ante las inclemencias del viaje, es decir, ante todo tipo de ruido e interferencias.

Cuando en una frase perdemos alguna de las letras, el oyente puede recuperarlas gracias al significado que proporciona la frase que las empaqueta.

Por eso las telecomunicaciones y los sistemas de computación digitales se han impuesto sobre los analógicos.

La tercera es que la forma de los paquetes comprime la información en su interior.

Cabe más información en tres palabras que en un rebuzno tres veces más largo.

MORBLOCKS

El principal trabajo de nuestra percepción consiste en identificar los paquetes en los que puede estar repartida la información que recibe. La herramienta que utiliza para distinguirlos es su forma.

A los paquetes de forma que identifica nuestra percepción les llamaremos bloques mórficos o *morblocks*.

Por ejemplo, una frase con sentido es un *morblock*. Pero una palabra de esa frase también lo es. Y una letra.

O por ejemplo, en el canal visual, un coche sería un *morblock*. Y una de sus ruedas también y el neumático de esa rueda también y el tapón de la válvula de aire de esa rueda...

Un *morblock* es todo aquello que se percibe agrupado y separado del entorno.

Un *morblock* es una unidad de forma.

Por eso un concepto bien formado también es un *morblock*. Así como lo son las ideas que contiene, siempre y cuando también estén bien formadas.

MALETERO

Por fin llegaron las vacaciones.

Aunque advertí a mi mujer y a mis hijas de la importancia de racionalizar el equipaje, un año más vuelvo a encontrarme con el problema de siempre: no me cabe en el maletero.

Empiezo a refunfuñar y a reprocharle a mi esposa que nunca me hacen caso.

Sin mediar palabra, directamente saca todo del maletero.

Y lo empieza a agrupar de manera diferente.

Junta unas cosas y separa otras. Aprieta una bolsa suelta en una maleta. Saca de otra bolsa un neceser para dejarlo en una esquina...

Al final consigue meterlo absolutamente todo.

Me lanza una de esas miraditas y yo me limito a agachar la cabeza y a meterme en el coche sin rechistar.

JERARQUÍAS MÓRFICAS

La mente de nuestro interlocutor percibe lo que le presentamos como un gran *morblock* que contiene *morblocks* más pequeños, que contienen otros más pequeños y así sucesivamente.

Es decir, no solo divide en paquetes la información que recibe, sino que los mete unos dentro de otros estableciendo una jerarquía entre ellos.

Su propósito al anidar unas ideas dentro de otras es comprimir la información de manera brutal, para ser capaz de meter muchísimo contenido en muy poco espacio.

Está tratando de meter todas las maletas en el maletero para el viaje. Si no lo consigue, mucha información quedará fuera y no se la podrá llevar.

Para facilitarle el trabajo, nos adelantaremos definiendo nosotros mismos esa jerarquía y mostrándosela de forma clara y evidente al exponer nuestras ideas.

MODELOS

Las presentaciones de negocio que suelo presenciar acostumbran a ser un conjunto de ideas sueltas cuyo único nexo es que están plasmadas sobre un mismo PowerPoint.

Las ideas sueltas constituyen un nivel de la jerarquía mórfica con muy poca densidad de forma. Son solo palabras gaseosas que se lleva el viento.

En algunas ocasiones tengo la suerte de escuchar presentaciones donde es posible entender fácilmente una serie de conceptos bien claros y definidos.

Los conceptos serían el siguiente nivel de la jerarquía mórfica y su mayor densidad de forma les permite comprimir mucha más información. Tienen más solidez y por ello se mantienen más estables en la mente.

Más raro que un trébol de cuatro hojas es encontrar una presentación con conceptos bien claros que además estén agrupados en un macro-concepto de nivel superior.

A este concepto de conceptos le llamaremos modelo.

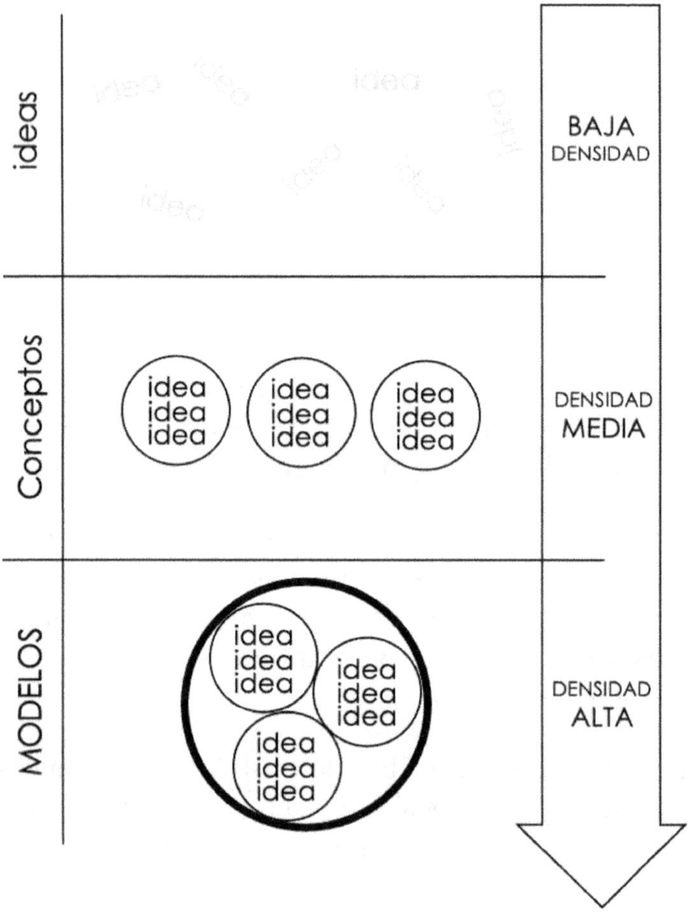

ideas

Conceptos

MODELOS

BAJA
DENSIDAD

DENSIDAD
MEDIA

DENSIDAD
ALTA

Los modelos son un nivel mucho más denso dentro de la jerarquía mórfica y pueden comprimir una gran cantidad de información gracias a anidar conceptos en su interior.

Por eso los modelos son herramientas muy útiles para describir realidades complejas y facilitar su comprensión.

Emplear modelos es la manera más eficaz y profesional de presentar con impacto nuestros productos, servicios y planes de negocio.

Podemos crear un modelo agrupando primero nuestras ideas en el gran concepto marco que es la idea principal y dividiéndola después en los sub-conceptos que contiene.

Este trabajo de definición es de nuevo un proceso artesanal iterativo donde, a medida que vayamos dando forma a los conceptos, lo que vaya surgiendo nos sugerirá cambios en la idea principal y viceversa.

EL TESORO

Dice Juan Roig, el propietario de Mercadona, que «quien tiene un modelo tiene un tesoro».

Buena prueba de ello es que su empresa se ha convertido en la cadena de distribución de productos de gran consumo más grande de España.

Precisamente gracias a tener un modelo de negocio muy claro y diferente al de sus competidores.

Mercadona significa en la mente de los consumidores una imbatible relación calidad/precio.

Esta excelente relación calidad/precio la construye sobre tres patas: precios siempre bajos (no hacer promociones), marca propia de calidad y una experiencia de compra excepcional.

Quien tiene un modelo tiene un tesoro, porque un modelo es muy fácil de explicar.

Los primeros que lo entienden rápidamente son los clientes. Por eso un buen modelo es un valioso activo comercial.

Pero además, también resulta muy fácil comunicarlo internamente dentro de nuestra organización, por grande y compleja que sea.

Como todo el mundo entiende claramente lo que hay que hacer, los planes se ejecutan fielmente y sin errores.

Pero las ventajas de disponer de un buen modelo no se limitan a los grandes modelos de negocio o a la definición de productos y servicios.

Los gerentes que expresan sus propuestas y planes en forma de modelos son escuchados con más interés, se hacen con un lugar privilegiado en la mente de los demás y consiguen mayor influencia dentro de su organización.

El gerente que es capaz de construir un buen modelo ya tiene encarrilado el trabajo de los próximos cinco años.

Puede que incluso toda su carrera.

ABC

Cuando hablamos del «ABC» de algo nos estamos refiriendo a lo más sencillo y esencial.

Pero «ABC» son también las siglas de «Airway, Breathing and Circulation», que significa vía de aire, respiración y circulación.

Este acrónimo de tres letras sirve como modelo del método de reanimación cardiopulmonar.

Está pensado para que cualquier persona tenga muy claro cómo responder si se encuentra en una situación de emergencia en la que necesite reanimar a alguien.

En estas situaciones nos ponemos nerviosos, nuestro cerebro se acelera y somos incapaces de pensar con claridad.

Pero recordar algo tan sencillo como es «ABC», que en sí mismo significa «lo más sencillo», simplemente no puede resultar más sencillo.

Al recordar el acrónimo, la persona recuerda los tres pasos del método en su secuencia correcta y una vez empieza a dar cada paso, no puede evitar ir recordando lo más esencial mientras lo va ejecutando.

El modelo del «ABC» es realmente un gran tesoro que ha salvado miles de vidas.

Y también un buen ejemplo que demuestra cómo a veces la manera más sencilla de crear un modelo puede ser a través de un acrónimo.

Pero una cosa es inventar un acrónimo y otra muy distinta es que realmente sea un modelo virumórfico.

ACRÓNIMOS AMORFOS

A menudo me encuentro con el caso de profesionales que presentan sus servicios como «El método...», seguido de un acrónimo.

Casi siempre se trata de un acrónimo amorfo y por ello, fallido.

En ocasiones porque tiene demasiadas letras. Eso hace que sea muy difícil de recordar.

Algunos tratan de mejorar ese aspecto mnemotécnico haciendo que el acrónimo simplemente forme un sustantivo.

Por ejemplo, el método «S.A.L.T.O.», para describir un producto o un servicio que no tiene nada que ver con saltar, sigue siendo una vía igualmente muerta, porque no expresa la idea principal.

Lo mismo ocurre con los que crean un acrónimo utilizando su nombre o su apellido.

Es cierto que si el apellido de un profesional es «Zapatero» y se dedica al negocio de los zapatos, igual es posible que con un poco de imaginación pueda conseguir un acrónimo llamativo. Aun así no sería un acrónimo virumórfico.

En primer lugar, porque tiene demasiadas letras y además una de ellas se repite. Esto hace que de nuevo sea difícil recordar cada una de las palabras que contiene.

En segundo lugar, porque «zapatero» en sí mismo no significa nada más que el que fabrica o arregla zapatos. *A priori,* no expresa una idea principal novedosa.

En otros casos, los acrónimos fallan porque algunas de las siglas hacen referencia a palabras muy genéricas, palabras que pueden significar muchas cosas.

Por ejemplo, cuando pregunto acerca de las letras del famoso método «SMART» para definir objetivos de negocio, la gente suele recordar el «eSpecífico», el «Medible» y el «Tiempo».

Pero de la «A» y la «R» no se acuerda casi nadie...

GARRAPIÑADAS

Esperando aburrido en la estación, me acerco a la tienda de golosinas, supuestamente para matar el tiempo.

Veo que tienen avellanas y como son algo sano, tomo una bolsita y echo dentro un puñado.

Al lado veo los anacardos. Ya puestos, ahí va otro puñadito a la bolsa.

Justo al lado, las almendras garrapiñadas se convierten en una tentación irresistible. Puñadito a la bolsa.

Ahora que ya se ha abierto la veda, no tengo reparo en empezar con las golosinas varias, que de sanas no tienen nada.

Con la bolsita hasta arriba me dirijo a pesarla en caja para pagar.

Y allí me llevo una buena bronca por haber mezclado en la misma bolsa varios artículos de precios diferentes.

Al final no me queda otro remedio que pedirle a la cajera que me perdone la vida y me lo cobre todo al precio más caro.

UNIFORMIDAD

Animo al lector a pronunciar por orden, en voz alta y lo más rápido posible, el color en el que están escritas las siguientes palabras:

AZUL

ROJO

VERDE

AMARILLO

NEGRO

NARANJA

VIOLETA

VERDE

ROJO

NEGRO

AZUL

Resulta llamativamente difícil pronunciar el color en el que están escritas las cuatro últimas.

Porque nuestra mente percibe cada palabra como un solo paquete de forma o *morblock*.

El problema es que ese mismo *morblock* contiene dos informaciones que son contradictorias: el color con el que está escrita la palabra y el color al que la palabra hace referencia.

Las primeras palabras de la lista son conceptos uniformes: toda la información que contienen expresa exactamente lo mismo.

Las cuatro últimas palabras carecen de uniformidad. Por eso son difíciles de procesar y llevan a equivocaciones.

Es lo que pasa cuando mezclamos en una misma bolsa las avellanas con las chuches.

Un concepto tiene uniformidad cuando todas las ideas que contiene encajan perfectamente en su definición.

La uniformidad o forma de uno es la primera virtud de la buena división de modelos en conceptos.

La uniformidad es muy fácil de conseguir si expresamos conceptos tan sencillos como los colores del ejemplo.

Pero cuando estamos explicando conceptos complejos, a menudo solemos mezclar en ellos ideas que no acaban de encajar perfectamente.

No es que sean totalmente contradictorias, pero no acaban de ajustar en algunos aspectos y aun así las metemos en el mismo saco.

Esto es un problema porque entonces van a chirriar en la mente de los que nos están escuchando y ese ruido impedirá que se formen una imagen sólida de lo que estamos presentando. Se lo estamos poniendo muy difícil a la cajera.

Lo indicado es eliminar esa idea que chirría o bien reformular el concepto hasta que el encaje sea total y se alcance la plena uniformidad.

TORTUGAS Y LEONES

Todos somos capaces de identificar a una tortuga cuando la vemos.

Pero lo que casi nadie es capaz de hacer es distinguir a simple vista a los machos de las hembras, porque son prácticamente iguales.

Los biólogos expresan este fenómeno diciendo que las tortugas presentan poco dimorfismo sexual.

Con algunas especies de pájaros ocurre lo contrario: el macho y la hembra son tan diferentes que a ojos del no experto es casi imposible determinar si son macho y hembra de una misma especie, o bien si se trata de dos especies diferentes.

Los biólogos dicen de estas especies que presentan un nivel muy alto de dimorfismo sexual.

Un tercer caso muy distinto a los dos anteriores sería el de los leones.

Todos podemos identificar a un león cuando lo vemos y además también podemos diferenciar claramente a los machos de las hembras.

El león es una especie animal que presenta el nivel adecuado de dimorfismo sexual para que cualquiera, experto o no, pueda hacer estas distinciones.

La segunda virtud de la buena división de modelos en conceptos es el adecuado nivel de dimorfismo o forma de dos.

DIMORFISMO

Imaginemos que estamos exponiendo una presentación en la que explicamos que los tres pasos para cerrar un trato son: empezar con preguntas estratégicas, continuar con una propuesta bien preparada y estar siempre dispuestos a improvisar.

Estos tres conceptos están claramente diferenciados entre ellos. Pero el fallo es que lo de estar dispuesto a improvisar no es un paso.

Existe un exceso de dimorfismo que hace que este concepto no encaje con la idea principal.

Se nos ha colado una hiena entre los leones.

O imaginemos que explicamos que los tres pilares del liderazgo son la empatía, la comunicación y dar ejemplo.

Estos tres conceptos encajan con la idea principal, porque está claro que son imprescindibles para poder liderar.

Pero el problema es que se mezclan entre ellos porque la buena comunicación requiere empatía, pero dar ejemplo también requiere buena comunicación, etc.

Sería como si las melenas de los leones las tuvieran indistintamente tanto algunos machos como algunas hembras.

Conseguimos el nivel adecuado de dimorfismo cuando los conceptos de un modelo encajan perfectamente dentro de la idea principal, y al mismo tiempo expresan ideas claramente diferentes los unos de los otros.

Es decir, el dimorfismo de un modelo requiere uniformidad de los conceptos dentro de la idea principal, pero diversidad entre ellos en otros aspectos.

En definitiva, que los conceptos sean iguales en un aspecto común y diferentes en otros.

PACKAGING

Esta idea del «adecuado nivel de dimorfismo» la acuñé a lo largo de una serie de trabajos de asesoramiento en el diseño de envases.

Observé que cuando una marca lanzaba un nuevo producto dentro de una gama acostumbraba a tener un problema de dimorfismo.

En algunos casos, el nuevo producto era tan similar al resto de la gama que no se distinguía y la novedad pasaba desapercibida.

En otras ocasiones, buscando mayor visibilidad, era tan diferente que no se entendía que formaba parte de la gama.

Además, rompía el bloque de marca y entonces se disminuía la visibilidad del conjunto.

La solución la encontrábamos trabajando con los *morblocks* del diseño gráfico, de manera que hubiera una serie de *morblocks* comunes en toda la gama muy fáciles de percibir y que le dieran uniformidad.

Al mismo tiempo, a la novedad le añadíamos algún *morblock* distintivo, muy visible, que sirviera para diferenciarla del resto.

Entender en profundidad las virtudes de la uniformidad y del dimorfismo significa entender la esencia de la buena forma.

Porque la forma no es más que la expresión de una serie de relaciones de similitud y diferencia.

Cuando lo logramos somos capaces de aplicar estos principios en la comunicación de todo tipo de conceptos complejos, desde un modelo de negocio hasta el diseño de un envase.

PUNTO DE FLUJO

Existe una película cuyo nombre no desvelaré para no hacer «spoiler» y que para mí es una verdadera obra de arte.

Se supone que va de extraterrestres, pero en realidad es una historia acerca de la esencia de la comunicación.

Uno de los recursos cinematográficos que utiliza para atrapar la mente del espectador y hacerla estallar al final, es jugar con la línea del tiempo.

En esta película, lo que el espectador piensa que es el principio de la historia acaba descubriendo que era el final y viceversa.

Jugar con la línea del tiempo es un recurso ya muy habitual en los guiones cinematográficos.

Los guionistas saben que una historia muy lineal resulta aburrida. Y que a menudo es mejor darle un punto más de complejidad haciendo saltos en el tiempo, de manera que sea el espectador quien tenga que reconstruir el puzle por sí mismo. Entonces engancha mucho más.

Básicamente lo que ocurre con la mente es que lo que es muy sencillo le aburre y lo que es muy complicado le desborda. En ambos casos desconecta.

Sin embargo, cuando encontramos el punto exacto de dificultad, entonces la mente queda enganchada en el anzuelo con el ímpetu de un tiburón hambriento.

Porque la mente siente una fuerza de atracción irresistible por aquellas cosas que intuye que es capaz de resolver por sí misma.

Por eso es tan importante dividir nuestro modelo en un número de conceptos adecuado. Para que no parezca ni demasiado simple ni demasiado complicado.

Tras muchos años experimentando con presentaciones propias y ajenas, he llegado a la conclusión definitiva de que el número ideal para la buena forma es el tres.

TRINIDAD

Los modelos que están divididos en trinidades de conceptos alcanzan el punto de dificultad ideal.

Resultan más atractivos para la mente, se procesan más fácilmente y se recuerdan mejor. Por eso son más contagiosos.

Cuando estamos dando forma a nuestros modelos, lo indicado es buscar esa trinidad. Si la encontramos, percibiremos rápidamente cómo el modelo queda «redondo».

La perfección absoluta se alcanza cuando cada uno de los tres conceptos se divide a su vez en tres ideas. Una trinidad de trinidades.

La trinidad es la tercera de las virtudes de la buena división de los modelos y los conceptos.

Pero a diferencia de la uniformidad y el dimorfismo, no siempre es obligatoria. De lo que se trata es de acercarse a ella lo máximo que podamos.

En ocasiones, la naturaleza del modelo que queremos presentar nos llevará claramente y sin discusión a la división en cuatro o cinco conceptos. O en dos.

Por ejemplo, si un médico está explicando la anatomía de la mano, puede ser muy indicado que divida su presentación en dos grandes bloques: la palma y los dedos.

E incluso que el bloque «dedos» lo divida en cinco. Si no encuentra un motivo significativo para dividir sus explicaciones en trinidades, lo indicado es que no lo haga.

Podemos dividir en dos, tres, cuatro o cinco, pero ya a partir de seis divisiones es como si no hubiera división y los conceptos del modelo pasan a ser percibidos de nuevo como una masa gaseosa y amorfa de ideas sueltas.

FORMA NATURAL

La división de un modelo en tres conceptos a menudo suele ser lo más natural.

Porque un modelo no deja de ser una representación de la realidad.

Y todo lo que existe, o se crea o se destruye, o se mantiene igual. O bien va alternando entre estas tres posibilidades.

Es decir, la realidad está continuamente moldeada por tres grandes fuerzas universales: la fuerza creativa, la fuerza destructiva y la fuerza que mantiene las cosas igual, también llamada fuerza homeostática.

Cuando estudiamos una realidad para poder modelarla, a menudo resulta útil observar cómo estas tres fuerzas le dan forma.

Entonces el modelo suele emerger ante nuestros ojos con gran naturalidad.

Los lectores que estén familiarizados con mi obra quizás se habrán dado cuenta de que gran parte de mi trabajo gira alrededor de modelos trinitarios.

Precisamente este libro no iba a ser una excepción.

Agrupar ideas para formar conceptos y modelos es la manifestación de la fuerza creativa, y de ello nos hemos ocupado en el capítulo anterior.

Dividir los modelos en conceptos es la manifestación de la fuerza destructiva. Acerca de ello ha tratado este capítulo.

El siguiente capítulo tratará de la fuerza homeostática y en él veremos cómo seguir dando forma vírica a un modelo para que quede anclado permanentemente en la mente del que escucha.

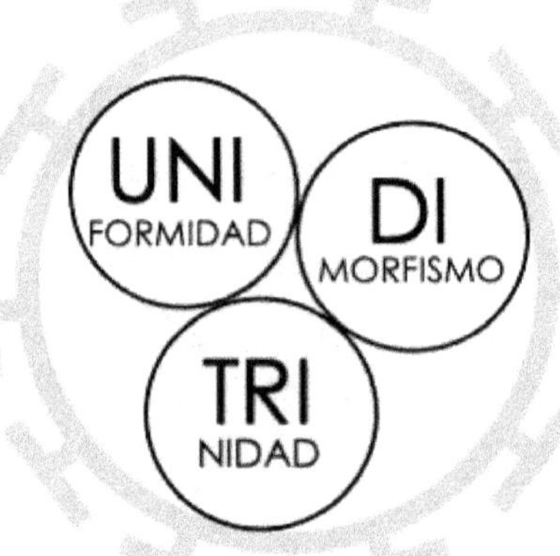
UNI
FORMIDAD
DI
MORFISMO
TRI
NIDAD

Presenta tus ideas con forma de virus

CUARTA PARTE

ANCLAR

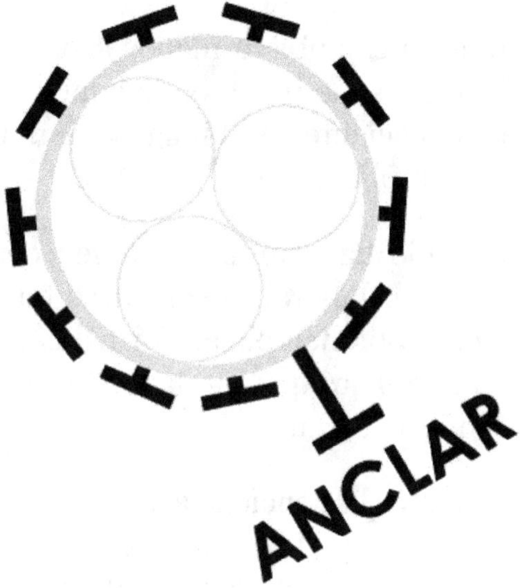

ANCLAR

BULLYING

En los últimos años la sensibilización y el rechazo ante las diversas formas de acoso escolar han crecido considerablemente.

No es que antes hubiera menos acoso; es que sencillamente no se le prestaba la suficiente atención, no se era consciente de su magnitud, ni tampoco de sus graves implicaciones.

Algo parecido ha ocurrido también con el «mobbing», o acoso laboral, o con otras terribles realidades, como por ejemplo el «karoshi» o muerte por exceso de trabajo, que en Japón se cobra más de mil víctimas cada año.

Curiosamente, la concienciación sobre todos estos problemas ha coincidido en el tiempo con un interesante fenómeno: la adopción de una nueva palabra específica para poder designarlos.

BAUTIZO

Una técnica muy sencilla para dar más forma a una idea y elevarla fácilmente a la categoría de concepto es bautizarla con un nombre o un título.

Los conceptos suelen bautizarse por la necesidad práctica de poder referirse a ellos sin tener que repetir cada vez su larga definición.

El título comprime el concepto en una sola frase, como por ejemplo «la ley de Murphy», «la pirámide de los alimentos» o «las ideas con forma de virus».

Si logramos reducirlo a una sola palabra entonces podemos expresarlo del modo más económico que existe, como ocurre por ejemplo con las palabras «youtuber», «mileurista», «virumórfica», etc.

Es lo que venimos haciendo de manera natural e intuitiva desde que aprendimos a hablar, y de esta manera han surgido todas las palabras de nuestro vocabulario.

Pero al bautizar un concepto siempre ocurre algo más que resulta de capital importancia: la mente lo categoriza en un nivel superior.

Para ella una «piruleta» tiene más valor que «un caramelo plano, generalmente de forma circular, con un palito que sirve de mango».

Sencillamente porque, al tener nombre, pasa a formar parte de la categoría de conceptos con identidad propia.

Lo que no tiene nombre no tiene identidad, y si no tiene identidad no tiene entidad.

Para la mente es como un fantasma, porque percibe indicios de que está allí pero no es capaz de verlo.

Es por eso que ponemos nombre a nuestros hijos mucho antes de nacer, porque nos aterroriza la idea de parir a un «bebé genérico».

En definitiva, bautizar con un nombre o un título da forma, ayuda a conceptualizar y eleva la categoría de las ideas.

LA LLAVE

Los nombres y los títulos son como el cordel con el que sujetamos el globo para que no se escape volando.

O como el piolet que el escalador utiliza para afianzar su posición en la ladera nevada y no resbalar.

No solo dan forma, sino que se convierten en un sólido anclaje para agarrar lo más etéreo de nuestras ideas, evitando así que se evaporen.

Porque recordar un nombre o un título es mucho más fácil que recordar la definición entera de una idea compleja.

Además, en cuanto bautizamos un concepto, los que nos oyen sienten curiosidad por descubrir lo que hay detrás.

El nuevo nombre, o el nuevo título, si son acertados despiertan el interés, y como una llave, abren la puerta de las mentes.

Igual que la proteína que sobresale del virus, con la que se engancha a la célula y consigue abrir su membrana.

CONTAGIO

Pero las propiedades víricas del concepto bautizado no terminan aquí.

Porque si detrás del nombre o del título había ideas realmente nuevas y necesarias para nosotros, al descubrirlas sentimos claramente que hemos aprendido algo valioso.

Nuestra mente ha cambiado de forma.

Es una sensación gratificante que nos mueve a la acción.

Entonces, el niño al que le acaban de regalar el juguete tiene ganas de sacarlo a la calle y enseñárselo a sus amigos para jugar con ellos.

En parte por el disfrute, en parte por presumir... no pasa nada por reconocerlo.

La cuestión es que los conceptos bien bautizados empiezan a propagarse por la oficina igual que una gripe.

NOMBRE MOLÓN

Recuerdo el caso de un compañero del trabajo que se inventó una palabra muy chula para motivar a los miembros de su equipo.

La palabra era «amvisionar» es decir «visionar» con «ambición». Desde luego supo transmitir muy bien su pensamiento, pero además consiguió que el concepto se expandiera rápidamente más allá de su equipo por toda la empresa.

También recuerdo el caso de los «boxpallets» o expositores de producto que producíamos en nuestro departamento. Un día se nos ocurrió empezar a fabricar algunos con componentes de plástico transparente, lo que les daba un aspecto mucho más estético.

Nadie les hizo mucho caso hasta que mi mujer los bautizó como «glasspallets». Sin ser su intención, y para nuestra sorpresa, en pocos días pudimos oír esa palabra en boca de un montón de personas, desde los operarios que manipulaban el producto, hasta el director general.

Y en unas semanas, los «glasspallets» se convirtieron en una herramienta que aparecía sistemáticamente en todos los planes de marketing.

Una característica común entre el verbo «amvisionar» y el nombre «glasspallet» es que son palabras «molonas».

Tienen algo especial que llama la atención.

No siempre conseguiremos encontrar un nombre o un título que sean «molones».

Porque las musas son caprichosas y no siempre están dispuestas a ponerse a nuestro servicio.

Pero la verdad es que cuando tenemos la suerte de lograrlo, nuestro modelo no solo queda bautizado, sino que además, queda bendecido.

KATANA

«Pertenezco al guerrero en el que las viejas formas se unen a las nuevas».

Así reza la inscripción de la espada que Matsumoto le regala a Nathan Algren (Tom Cruise) en la película *El último Samurái*.

Probablemente lo más importante para bautizar un concepto con un nombre afilado como una katana sea seguir los dictados de esta sabia inscripción.

Porque si creamos un nombre absolutamente nuevo y extraño, aunque sea llamativo, será difícil recordarlo por ser poco familiar. En cuanto lo olvidemos, el concepto que nombra caerá con él en el olvido.

Si por el contrario empleamos un nombre que ya se usa para otros conceptos similares, estaremos haciendo un uso genérico de ese nombre y nuestro concepto resultará poco relevante.

La «Técnica de la Katana» consistiría en crear un nombre que uniera una parte nueva con una parte vieja.

La parte nueva es la que llama la atención de la mente.

Porque como todo lo nuevo, le está advirtiendo de que tiene delante algo que puede ser una amenaza o una oportunidad.

La parte vieja es la que le permite asociar todo lo nuevo que contiene el concepto con lo viejo que ya conoce.

El nombre se convierte así en un instrumento para anclar firmemente las nuevas ideas al viejo sustrato de ideas ya existente.

«Amvisionar» parte de dos palabras conocidas: «ambición» y «visionar», y consigue la novedad al juntarlas con gracia en una sola palabra.

«Glasspallet» parte de un concepto de uso común: «boxpallet» y lo convierte en uno nuevo sustituyendo parte de la palabra conocida por un término inesperado: «glass» (cristal).

Otro ejemplo muy bonito es la marca «IKEA», que es un acrónimo formado por las iniciales de su creador, de su granja familiar, y de la ciudad sueca en la que se crió: Ingvar Kamprad, Elmtaryd, Agunnaryd.

Sin darse cuenta, Ingvar inventó un nombre muy afortunado, al menos para el mundo castellanoparlante, porque es llamativo y al mismo tiempo fácil de recordar.

Por un lado se parece mucho a la palabra «idea», que todos usamos habitualmente y que además es lo que andamos buscando cuando vamos a comprar muebles.

Pero por otro lado le incorpora un cambio llamativo, que es la letra «k». Precisamente una letra que prácticamente no se usa en castellano.

Tomar una palabra de uso común y cambiarle una de las letras para que llame la atención es de hecho uno de los recursos más habituales empleados por las agencias de «naming» o creación de nombres.

PENETRAR

La «Técnica de la Katana» penetra profundamente en la quintaesencia de la comunicación.

Porque en realidad todo proceso de comunicación requiere siempre hacer uso de algo nuevo en combinación con algo viejo.

Lo nuevo es la información que recibimos.

Lo viejo es el código o lenguaje del que ya disponemos para poder traducir esas palabras y entender su significado.

Quien comprende esto se convierte en un verdadero maestro de la comunicación.

Porque no solo es útil para crear nombres sino también para poner títulos, para agrupar, para definir una idea principal, para dividir en conceptos y en general, siempre que estamos dando forma a una idea para que penetre en la mente.

SMARTKETING

Los diseñadores de *packaging* saben bien que si una marca les pide renovar el diseño gráfico de un envase no pueden hacer grandes cambios de golpe.

De lo contrario, buscando conseguir nuevos compradores, acabarían perdiendo a los que ahora mismo ya están comprando el producto.

Porque les costaría identificarlo en las estanterías y no estarían seguros de estar comprando su producto habitual.

Lo que los diseñadores hacen para solucionar este problema es una transformación progresiva del envase actual al nuevo diseño.

Dependiendo de la rotación del producto, este proceso puede durar varios meses.

Pero de esta manera se consigue que el envase vaya incorporando nuevos visuales que llamen la atención, al tiempo que se apoya en los visuales antiguos para ser identificado por los compradores habituales.

El caso más extremo es cuando un producto popular necesita cambiar de marca.

A veces ocurre por motivos legales y otras veces simplemente porque ha sido adquirida por una empresa que opera en otros mercados con otra marca y prefiere tener la misma en todos los países.

En este caso se suele empezar añadiendo la nueva marca en forma de pequeño subtítulo de la marca actual.

Por ejemplo, «MARCACTUAL» en grande y, como subtítulo, muy pequeño, «by MARCANUEVA».

Entonces lo que se hace es ir aumentando progresivamente el tamaño de la nueva marca y reduciendo el de la vieja. Así la katana va penetrando.

Hasta que llega un momento en el que las proporciones de tamaño se han invertido y la vieja marca es tan pequeña que ya puede eliminarse sin riesgo del envase.

MARCAR

Antiguamente se marcaba el ganado con un hierro candente de forma distintiva para señalar su propiedad.

Las marcas nacen como señales visuales que puedan ser identificadas por cualquier persona, sepa o no leer.

Las primeras marcas comerciales que incorporan nombres son un invento del siglo pasado, en el que el analfabetismo empezaba a desaparecer.

Hoy día, aunque todo el mundo sabe leer, las marcas siguen poseyendo visuales atractivos o bien emplean tipografías distintivas.

Porque de esta manera pueden transmitir su identidad, no solo a través del canal auditivo mediante su nombre, sino también a través del canal visual mediante su logotipo.

Las marcas que han desarrollado su identidad visual poseen un simbolismo especial que transmite no solo el nombre del fabricante del producto, sino también una serie de valores y atributos que resultarían muy difíciles de expresar con palabras.

Los visuales comprimen así toda esa información en una sencilla forma gráfica

Entonces no solo sirven para marcar sus productos, sino también a la mente que las recibe.

El uso de visuales simples para expresar ideas abstractas se remonta a las pinturas rupestres y probablemente sea incluso más antiguo que el propio lenguaje verbal.

A pesar de su simplicidad y su antigüedad, ha sido muy útil para que los más grandes pensadores y filósofos pudieran expresar los conceptos más abstractos.

LA GRAN PIRÁMIDE

Imaginemos que nos lanzan el reto de explicar la pirámide de las necesidades humanas de Abrahan Maslow pero sin poder hacer referencia alguna a la pirámide ni a sus niveles. ¿Cómo lo haríamos? ¿Seríamos capaces?

Probablemente sería una misión casi imposible.

La relación que existe entre el visual y el concepto que encierra es de identidad total.

El visual y la teoría son ya una misma cosa.

La pirámide de Maslow es un ejemplo paradigmático del uso virtuoso de un visual para conceptualizar una serie de ideas.

También es una demostración de la capacidad vírica que adquiere un concepto de semejante calidad.

Efectivamente, forma parte de las pocas teorías de toda la historia de la humanidad que actualmente son conocidas por la gran mayoría de la población alfabetizada.

Y dentro del grupo de las teorías más conocidas, forma parte del subgrupo más selecto.

Porque hay muchas otras teorías que son ampliamente conocidas, como por ejemplo la teoría de la relatividad.

Pero una cosa es que mucha gente recuerde su nombre y otra cosa muy diferente que sepan explicarla.

En el caso de la pirámide de Maslow, además de ser conocida por todos, quien recuerda su nombre es capaz de recordar y explicar la teoría.

Con más o menos gracia, pero siempre con un nivel de detalle realmente admirable.

CONCEPTOGRAFÍA

En el año 1879 Gottlob Frege publica su libro *Begriffsschrift*, traducido al castellano como «Conceptografía».

En el fondo no deja de ser un nombre molón, que expresa que los visuales son una poderosa manera de dar forma a las ideas, conceptualizarlas y anclarlas.

En realidad, cuando decimos cosas como «círculo de influencia» o «espiral destructiva» o «línea de actuación», etc. sin darnos cuenta ya estamos empleando visuales para describir conceptos sencillos.

Cuando queremos expresar un concepto complejo, utilizar un visual multiplicará su densidad de forma y con ella, la compresión de la información, la facilidad de transmisión y sobre todo, su contagiosidad.

DUELO

Elisabeth Kübler-Ross presentó en su libro *On death and dying* un modelo para describir las cinco etapas del duelo que los seres humanos atravesamos, no solo ante la muerte, sino también frente a otras pérdidas importantes.

Estas etapas las podemos representar en una gráfica cuyo eje horizontal es el tiempo y cuyo eje vertical es la respuesta emocional.

La idea principal de su modelo es que en el duelo atravesamos estados emocionales distintos, a menudo hacia delante y hacia atrás. Como si estuviéramos en una montaña rusa parecida a la curva del modelo.

Este modelo queda dividido en cinco conceptos que son las cinco etapas: negación, ira, negociación, depresión y aceptación.

Cada una de ellas se ubica bien en un máximo de la curva o bien en un mínimo, o bien en el cruce con el eje horizontal.

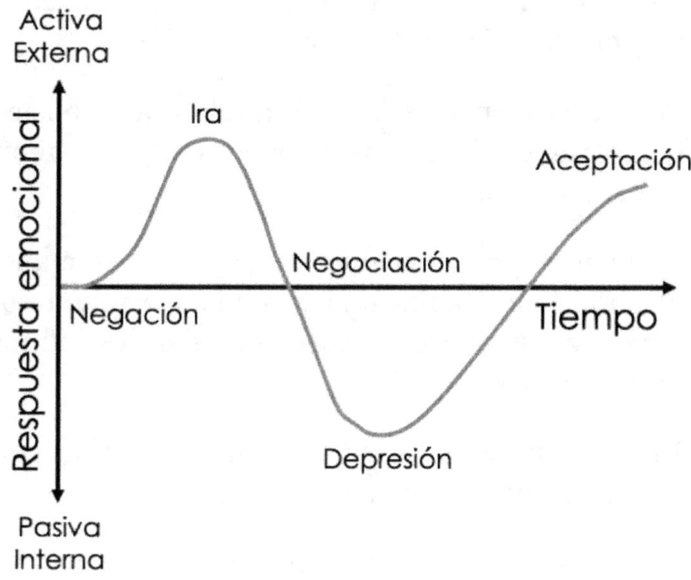

Activa
Externa
Respuesta emocional
Ira
Aceptación
Negociación
Negación
Tiempo
Depresión
Pasiva
Interna

FUNCIONES

El uso de gráficos en forma de función es la manera matemática de construir modelos.

Las funciones matemáticas son de hecho la demostración clara de que la forma es relación.

Porque la forma de la gráfica expresa la relación que existe entre las dos variables que están representadas en los ejes.

Y cuando estas funciones se exponen de manera algebraica mediante una fórmula, permiten condensar en unas pocas letras y números los infinitos puntos de la curva.

En este sentido podemos decir que su nivel de compresión es ni más ni menos que infinito.

Podemos imitar a los matemáticos y expresar nuestros modelos en forma de función gráfica.

Dependiendo del uso que le queramos dar, a menudo ni siquiera hace falta que sea una gráfica precisa.

Como el modelo de Kübler-Ross, que es solamente una expresión gráfica intuitiva de la relación entre las variables tiempo y estado emocional.

Lo único importante es, por un lado, que la gráfica tenga una forma sencilla y fácil de recordar.

Esta forma de la gráfica se convierte entonces en el visual que transmite la idea principal de nuestro modelo.

Y por otro lado, que esta gráfica esté claramente dividida por su propia forma en trozos o secciones diferentes, fácilmente distinguibles.

Estos trozos diferenciados se convierten a su vez en los conceptos que contiene el modelo.

CUADROS

Es habitual explicar el concepto de «asertividad» mediante un gráfico de dos ejes. En el eje vertical se representa el respeto a la otra persona y en el horizontal el respeto hacia uno mismo.

La idea principal del modelo es que nuestra actitud al comunicarnos está definida por estas dos variables.

Ambos ejes se simplifican en dos trozos: respeto alto y bajo. Su intersección define un área con cuatro cuadros.

Si no me respeto a mí ni respeto al otro, estoy siendo evasivo. Si me respeto a mí pero no al otro, estoy siendo agresivo. Si respeto al otro pero no a mí, estoy siendo sumiso. Si respeto a ambos, soy asertivo. Estos son los cuatro conceptos del modelo.

Este tipo de gráfico, que no tiene curva alguna y es más bien un conjunto de cuadros, suele ser también una manera muy simple y eficaz de crear modelos visuales con conceptos claramente uniformes y dimórficos. Aunque nunca son trinitarios, sino siempre cuadrados.

Respeto hacia el otro
SUMISIÓN
ASERTIVIDAD
EVASIÓN
AGRESIVIDAD
Respeto hacia mí mismo

VISUALES ILUSTRADOS

Con uno de mis clientes, un directivo que quería proponer a su equipo unos objetivos ambiciosos y retadores para el próximo año, representamos su plan de negocio utilizando el visual de un cohete espacial.

Con otro cliente, un director de una compañía dedicada a la elaboración de productos derivados del pescado, elaboramos un modelo de ventas en forma de pez.

En una empresa que se dedica a la investigación y el desarrollo de materiales plásticos, definimos una presentación de sus servicios en forma de botella PET.

El cohete, el pez y la botella serían lo que llamaremos visuales ilustrados.

A diferencia de otros visuales abstractos, como podrían ser una pirámide, una función o un cuadro, los visuales ilustrados representan un objeto real concreto.

Son todavía más potentes que los visuales abstractos porque, al ser más significativos, se anclan con mucha más fuerza.

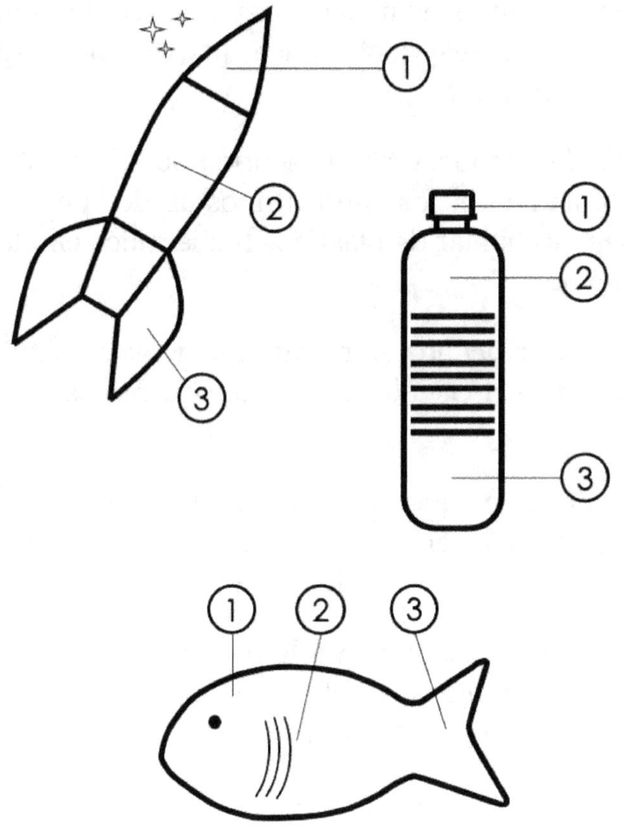

ISOMORFISMO

La clave cuando usamos un visual ilustrado es que la ilustración realmente tenga que ver con lo que vamos a explicar.

A priori no tendría mucho sentido que para hablar de un plan ambicioso hubiéramos usado la botella, o que para hablar de plásticos hubiéramos empleado el pez.

Porque *a priori* no vemos ninguna relación significativa entre el visual y la idea que queremos transmitir.

Lo indicado es que la forma del visual exprese la idea principal del modelo. Por ejemplo, un virus para describir la forma de una idea contagiosa.

Si no expresa plenamente la idea principal, como mínimo queremos que esté tan relacionado con ella que nos ayude a recordarla.

De lo contrario, en lugar de ser una ayuda, la falta de uniformidad confunde al oyente y nos perjudica.

Por otro lado, queremos que el visual pueda dividirse en partes claramente diferenciadas para representar los conceptos. Queremos que el dimorfismo también sea visual.

Por ejemplo, la idea principal del modelo en forma de pez era que para vender más pescado que la competencia, las tres claves eran la inteligencia comercial, la valentía ante el «no» y la velocidad de respuesta.

La inteligencia estaba representada por la cabeza del pez. La valentía estaba representada por las agallas. Y la velocidad de respuesta por la aleta.

Un visual de estas características se convierte en un verdadero isomorfismo de la realidad que representa. Es una realidad casi paralela.

Cuanto más evidente es su similitud, más probable es que en la mente el modelo y la realidad tiendan a fundirse y se conviertan en una misma cosa.

TRANSPORTAR

Imaginemos que alguien nos explica el concepto de «pirámide poblacional invertida».

Al usar este visual, no solo nos está diciendo que en esa población hay más ancianos que jóvenes, sino que además nos está transmitiendo que la situación es insostenible.

Este último significado lo adquirimos metafóricamente, porque sabemos que en el mundo físico es prácticamente imposible colocar un objeto triangular sobre uno de sus vértices y que se sostenga en pie.

Siempre que empleamos un visual para conceptualizar una idea, en el fondo estamos haciendo algún tipo de uso metafórico de su significado.

La palabra metáfora viene del griego «meta», que significa más allá, y «pherein», que significa trasladar o transportar.

Comunicar es siempre transportar información de una persona a otra.

Pero el transporte al que hace referencia la palabra «metáfora» es un transporte a otra dimensión de significado.

Fiel al espíritu de la katana, la metáfora da forma relacionando los nuevos conceptos con conceptos ya conocidos y con los que guarda una relación de semejanza.

De este modo nos ayuda a anclarlos.

Si las ideas son mercancías, los conceptos serían los contenedores en los que viajan. El modelo sería el barco que los transporta. Y la metáfora sería el ancla que sirve para dejarlo fondeado en el puerto de la mente.

He aquí una metáfora sobre la metáfora.

Podemos emplear la metáfora para crear un nombre molón, un visual o un acrónimo y de la misma manera, también puede ser muy útil para ilustrar la definición de la idea principal.

A FALTA DE PAN

Contaba el predicador una experiencia que años atrás lo conmovió en su antigua parroquia.

Había un granjero muy huraño del que todos se quejaban. En lugar de cruzar con sus tres vacas por el camino rural que rodeaba el pueblo, lo atravesaba por las calles para atajar.

El problema era que, además de dificultar el tráfico, las dejaba llenas de excrementos.

Tantas quejas recibió el párroco, que un día decidió ir a visitarlo para tratar de mediar en el asunto.

El viejo, que estaba ya en pijama y zapatillas, lo invitó a pasar.

Mientras le preparaba una infusión, el párroco contemplaba la humilde casa.

Una simple cama a un lado, la cocina en el otro y en el centro, la mesa en la que se encontraba.

Pero lo que llamó especialmente su atención fueron las botas del hombre, colocadas al pie de la cama.

Unas botas viejas, desgastadas a más no poder, con los cordones rotos y remendados...

En un momento en que el viejo estaba de espaldas preparándole el té, se inclinó un poco para ver su interior y aquello parecía un zarzal.

Por no hablar de los agujeros en las suelas... esos agujeros... por Dios...

—En aquel momento lo entendí todo —explicaba el párroco—. Nunca juzgues a un hombre sin antes haber andado tres días en sus zapatos. Hablemos hoy de la empatía.

Y así es como empezó su sermón.

No siempre encontraremos metáforas llamativas para dar vida a nuestros conceptos. De nuevo es algo para lo que dependemos del capricho de las musas.

Pero a falta de metáforas, bueno es un ejemplo.

El ejemplo es un excelente anclaje porque aterriza el concepto abstracto difícil de visualizar, por ejemplo, la empatía.

Y lo conecta con una experiencia concreta muy fácil de representar en la mente: lo que le pasó al predicador con el granjero.

Lo bueno de los ejemplos es que siempre podemos contar con ellos para poder ilustrar lo que estamos explicando.

Porque si no somos capaces de encontrar un buen ejemplo, entonces lo que nos está pasando realmente es que ni nosotros mismos tenemos claras nuestras propias ideas.

EL ANCLA PRIMERO

Primero lanzar el ancla y luego descargar las mercancías.

Nunca al revés. No sea que el barco se nos escape a la deriva mientras estamos descargando.

Esto quiere decir que hagamos como el buen predicador, que siempre empieza primero con el ejemplo o con la metáfora.

En el colegio nuestros maestros nos presentaban los conceptos primero y después nos daban los ejemplos.

Por eso ocurría que, mientras nos explicaban el concepto abstracto, no éramos capaces de entender ni retener gran cosa. Porque al ser abstracto no lo podíamos visualizar.

Y cuando nos lanzaban los ejemplos, tampoco los podíamos conectar con el concepto, precisamente porque no lo habíamos retenido.

Desaprendamos lo que aprendimos en el colegio, que es una manera muy lógica pero nada psicológica de explicar las cosas.

Cuando el predicador empieza directamente por el ejemplo, nos está haciendo visualizar una realidad muy concreta y tangible.

Esas imágenes tienen alta resolución y por eso son fáciles de percibir y retener.

Una vez ha evocado esas imágenes en nuestra mente, resulta fácil conectarlas con el concepto abstracto.

Y ahora sí que nos hacemos con él.

Después, si queremos, podemos ilustrar aún más el concepto con ejemplos adicionales.

Pero el primer paso de todos será siempre empezar con el ancla, es decir con el nombre, el visual y la metáfora o el ejemplo. Siempre van antes que la definición de la idea principal.

El virus necesita primero anclarse bien en la célula antes de poder invadirla con su código.

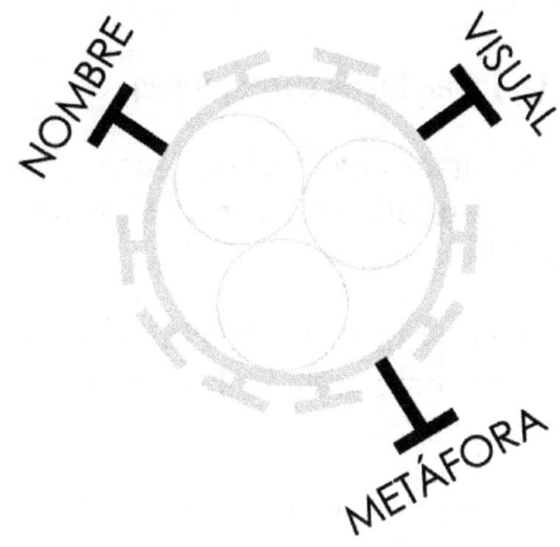

NOMBRE
VISUAL
METÁFORA

LA FÓRMULA

Si atendemos a su etimología, una fórmula es un instrumento para dar forma.

Por eso el modelo que aquí presento es también una fórmula.

La fórmula de las ideas contagiosas.

Una fórmula inspirada en el organismo más efectivo que existe en toda la naturaleza propagando información: el virus.

Esta fórmula nos dice que la mejor manera de crear modelos fácilmente trasmisibles es precisamente darles forma de virus.

Que para hacerlo el primer requisito es agrupar nuestras ideas definiendo una idea principal novedosa y necesaria.

La idea principal es como la cápsula del virus, que agrupa el código genético en su interior para poder transportarlo.

Sin idea principal, las ideas se dispersan y se pierden, igual que ocurriría con el código del virus si se rompiera su cápsula.

La fórmula también nos dice que además es bueno dividir el modelo en conceptos más pequeños, siguiendo los principios de uniformidad, dimorfismo y trinidad.

Así entregamos toda la información detallada, pero de manera fácilmente digerible.

Igual que el código del virus está perfectamente ordenado en bloques o genes. Para que el huésped pueda leerlo y replicarlo tan fácilmente como si fuera su propio código.

Finalmente, la fórmula nos dice que añadamos al modelo unos anclajes en forma de nombres, visuales y metáforas o ejemplos.

Igual que el virus tiene una serie de proteínas en su superficie con las que se anclará al huésped y abrirá su membrana celular para invadirlo.

AGRUPAR
DI
VI
DIR
ANCLAR

IDEA PRINCIPAL
NOMBRE
VISUAL
UNI
FORMIDAD
DI
MORFISMO
TRI
NIDAD
NECESARIA
NOVEDOSA
METÁFORA

PARA TODOS

Un virus no hace nada para propagarse, sino que son sus propios huéspedes los que lo van contagiando.

Podríamos decir que el virus es contagioso simplemente por el hecho de existir.

Eso es exactamente lo que nos aporta la fórmula de las ideas contagiosas.

Nos ayuda a dar forma a nuestras ideas y que resulten contagiosas por su mera existencia.

Está claro que si además tenemos buenas habilidades de comunicación, entonces la propagación se verá facilitada aún más.

Pero el valor de esta fórmula es precisamente que nos permite conseguir la contagiosidad, independientemente de nuestras habilidades.

Solo hace falta aplicar la fórmula, nada más.

Por eso es una fórmula para todos.

Porque cualquiera puede agrupar sus ideas y expresarlas a través de una idea principal.

Cualquiera puede dividir esa idea principal en conceptos siguiendo los principios de uniformidad, dimorfismo y trinidad.

Y finalmente cualquiera puede ponerle un nombre, representarla con un visual o utilizar una metáfora o un ejemplo para explicarla mejor.

Así de sencillo, tan sencillo como el más sencillo de todos los organismos que existen sobre la faz de la Tierra: el virus.

QUINTA PARTE
MÁS EJEMPLOS

PRESENTACIONES

«La mejor presentación de tu vida» es mi modelo más viral. El vídeo en el que lo expongo alcanzó más de un millón y medio de visitas en YouTube y ocho años más tarde sigue recibiendo más de trescientas visitas diarias.

Este modelo sobre cómo hacer presentaciones gira alrededor de una idea principal: el protagonista no es el presentador, sino su audiencia.

Cuando al presentar nos preocupamos de nosotros mismos, entonces fracasamos, pero si nos enfocamos en nuestra audiencia, entonces todo empieza a funcionar.

Por ello, nuestro verdadero trabajo al presentar consiste en ocuparnos de la audiencia para:

- Hacerles pensar

- Hacerles sentir

- Hacer que se muevan

Estos tres objetivos son los tres conceptos en los que se divide la idea principal.

Hacer
PENSAR
Hacer
SENTIR
Hacer
MOVER

PRISMA

En *El libro del cambio* explico como idea principal que los cambios importantes a nivel personal y social suelen originarse a partir de un conflicto.

Expongo un modelo en forma de prisma triangular para describir qué es realmente un conflicto y cuáles son sus tres componentes:

- El vínculo entre las dos partes

- El problema que surge entre ellas

- La manera en la que se relacionan

En el libro describo qué ocurre cuando intentando resolver el conflicto rompemos el vínculo, tratamos de resolver el problema o cambiamos nuestra manera de relacionarnos con la otra parte. Finalmente desvelo cuál es la única oportunidad posible de resolución.

Igual que el prisma muestra el potencial de la luz blanca al descomponerla en los colores que contiene, cuando somos capaces de resolver nuestros conflictos podemos crecer y revelar todo nuestro potencial interior.

RELACIÓN
PROBLEMA
VÍNCULO

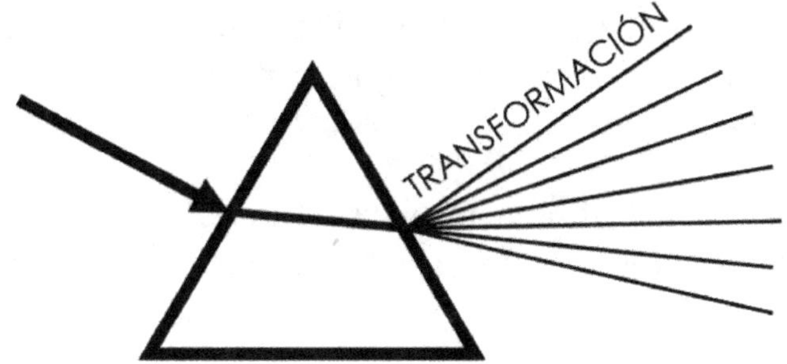

TRANSFORMACIÓN

TRES ESCALONES

La idea principal de mi libro *Mejor sin objetivos* es que el verdadero éxito en la vida solo se consigue cuando no se persigue.

Lo explico con un modelo en forma de escalera que describe las tres maneras de funcionar de los seres humanos:

- Movidos por objetivos negativos (evitar algo)

- Movidos por objetivos positivos (conseguir algo)

- Sin objetivos (desinteresadamente)

El visual sirve para transmitir la idea de potencial: cuanto más arriba, mejores resultados solemos conseguir.

Esta idea también implica que subir a los niveles altos requiere energía. En este caso una forma de energía muy especial, que es la conciencia.

Y que cuando no se aporta esta energía, la tendencia natural es ir cayendo escalones abajo, como caería una pelota hasta el estado de menor potencial.

SIN
OBJETIVOS
(dar algo)
Alto potencial
OBJETIVOS
POSITIVOS
(conseguir algo)
Potencial
medio
OBJETIVOS
NEGATIVOS
(evitar algo)
Bajo potencial

CENTRO

La idea principal de mi libro *Presencia y poder* es que las personas más capaces de influir sobre las demás lo hacen a través de una presencia centrada.

En el libro describo el concepto de centro como un estado interno de máximo potencial.

Y lo analizo al detalle dividiéndolo en cuatro dimensiones:

- La física

- La emocional

- La mental

- La espiritual

En cada una de estas dimensiones defino el centro como la falta de algo. Como un vacío que finalmente identifico con la presencia: la presencia es ausencia.

Como visual del modelo empleo un cuerpo humano y sitúo el centro de cada dimensión en un lugar representativo: ombligo, corazón, cabeza y encima del cuerpo.

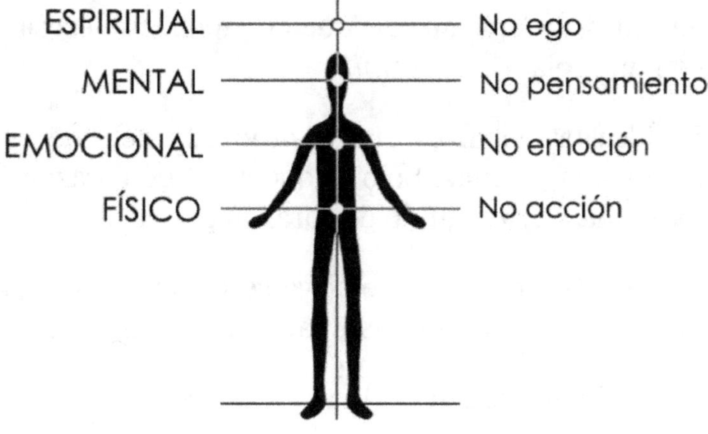
ESPIRITUAL
MENTAL
EMOCIONAL
FÍSICO
No ego
No pensamiento
No emoción
No acción

SAMURAI

«Liderazgo Samurái» es el modelo que más alegrías económicas me ha reportado. Se ha convertido en un negocio cuyo potencial no para de crecer.

En este modelo profundizo en el espíritu del verdadero liderazgo a través del significado de la palabra Samurái, «el que sirve», que en japonés se escribe con una sola letra o *kanji*.

La idea principal es que el propósito del líder es servir a los demás. Solo el que sirve de corazón a los demás será seguido de corazón por ellos.

El espíritu del líder que sirve se materializa en la práctica a través de «Las Cuatro Artes Samurái»:

- *Kyudo*: el arte de lanzar propuestas

- *Aikido*: el arte de hacer preguntas

- *Yoroi*: el arte de tomar decisiones

- *Gunbai*: el arte de la buena crítica

Cuatro artes que sitúan al que las emplea en la posición del líder, pero solo si su espíritu genuino es el de servir a los demás.

KYUDO
弓道
AIKIDO
合気道
YOROI
大鎧
GUNBAI
軍配

PODER PERSONAL

Mi «Pirámide del poder personal» es el modelo que más empleo en mi trabajo diario como consultor en comunicación.

La idea principal es que el poder personal se divide en cinco poderes que guardan entre ellos una relación de jerarquía:

- El poder de la intención

- El poder del contexto

- El poder de las palabras

- El poder de las preguntas

- El poder del silencio

Cuanto más arriba en la pirámide, más impacto tiene cada poder.

Pero solo si los poderes que tiene por debajo son muy sólidos, o de lo contrario ese nivel no puede sostenerse.

Por ejemplo, saber emplear muy bien nuestras palabras no tiene impacto alguno si el otro percibe que tenemos una mala intención o si no es el momento o el lugar adecuado.

SILENCIO
PREGUNTAS
PALABRAS
CONTEXTO
INTENCIÓN

PASTEL

Para mentorizar a las personas que desean ejercer la profesión de consultor creé el modelo del pastel. Simboliza el negocio que pueden llegar a conseguir. Y sus tres componentes, las tres claves para lograrlo:

- Modelo de servicios

- Marca personal

- Experiencia en el sector

La idea principal es que es imprescindible disponer de un modelo propio de los servicios que ofrecemos. El bizcocho del pastel.

Un bizcocho ya podemos decir que es un pastel, pero un pastel sin bizcocho no es nada.

Luego se puede aderezar con chocolate y eso le hace más apetitoso: la marca personal del consultor. Y finalmente rematamos con la guinda el bizcocho perfecto cuando el consultor tiene experiencia en el mismo sector del cliente.

El chocolate y la guinda añaden valor, pero solo si antes tenemos el bizcocho.

EXPERIENCIA
MARCA
MODELO

SEXTA PARTE

MÁS ALLÁ DE LA FORMA

EL DIOS DE LA FORMA

El dios de la forma no responde a exigencias, solo al amor genuino que le profesemos.

Este amor se demuestra con tres ofrendas: La primera es el tiempo, la segunda la gratitud y la tercera la fe.

TIEMPO

Por mucho empeño que uno ponga en cocinar una paella en diez minutos, no lo logrará.

Le saldrá una especie de arroz cocido con cosas encima, pero nunca una paella.

Quien quiera disfrutar de una paella no tiene otro remedio que dedicarle el tiempo necesario.

El sencillo modelo de resolución de conflictos que explico en *El libro del cambio* empecé a crearlo en el año 2013 y no lo completé definitivamente hasta el 2018.

Cinco años de gestación muy bien invertidos, porque es un modelo que ahora me servirá para toda la vida.

En mi experiencia, los mejores modelos suelen tardar en llegar.

Pero cuando lo hacen, se quedan para siempre, porque cuanto mejor es el modelo, más validez tiene en el tiempo.

Por mucho empeño que le pongamos, no podremos crear un modelo de la noche a la mañana presionando a nuestra mente.

De hecho, cuanto más la presionemos, peores resultados obtendremos.

Los frutos del modelado llegan cuando nos permitimos disfrutar del proceso de diálogo con las formas que van surgiendo casi de manera caprichosa.

Por eso el mejor momento para empezar a crear nuestro modelo de negocio no es precisamente cuando estamos ante la exigencia de preparar una presentación para la semana que viene.

Demasiada presión, demasiado foco en el resultado.

El momento perfecto es ahora, cuando nadie nos está pidiendo nada y podemos trabajar a nuestro ritmo, sin presiones y disfrutando del proceso.

Cuando podemos permitirnos libertad creativa total.

GRATITUD

Le pregunta un discípulo a Euclides que para qué sirven las matemáticas.

Euclides le entrega un par de monedas de oro y lo despacha.

Poco después comenta indignado con el resto: «¡Quería estudiar para su provecho!».

A menudo zarpamos en busca de un modelo porque queremos triunfar en una presentación, o motivar a nuestro equipo, o lograr un resultado de negocio excepcional... Lo que nos importa no es el modelo, sino lo que vamos a conseguir con él.

Pero entonces el viaje resulta frustrante. Porque no transcurre a la velocidad que deseamos y porque lo que va surgiendo nunca satisface nuestras expectativas.

Así no es posible llegar a buen puerto.

La mejor manera de modelar es hacerlo por amor al arte.

Amor al conocimiento, amor a las formas que van emergiendo.

Pura filosofía.

Cuando modelamos con el espíritu del filósofo nos llena un profundo sentimiento de gratitud que se alimenta con cada nueva idea, con cada nueva forma.

Por pequeña que sea, por extraña que sea, por inútil que sea.

Cada nueva aparición es para nosotros un precioso regalo.

Esta gratitud es la que retroalimenta de vuelta a las formas y permite que nos hablen y nos muestren el camino por el que continuar.

Es entonces cuando entramos en diálogo con ellas.

Las musas son asustadizas. Se esconden si sienten nuestro deseo, nuestra ambición.

Solo se muestran si sienten nuestra gratitud.

FE

Cuando dialogo con las formas que van surgiendo durante el proceso de modelado no tengo la sensación de estar conversando conmigo mismo.

Más bien tengo la impresión de estar entrando en contacto con una realidad inmensa e inabarcable. Una realidad inequívocamente externa a mí.

Algo parecido a lo que Platón llamó el mundo de las ideas. Un mundo con el que todos podemos conectar, por el simple hecho de que, según Platón, nuestra alma pertenece en realidad a ese mundo.

Creo firmemente que ese mundo es infinito y que allí residen todas las ideas posibles.

Las que ya han sido pensadas, las que serán pensadas en el futuro y también las que nunca serán pensadas por nadie.

Es una verdad que experimento intuitivamente pero que también tiene un cierto soporte racional.

Porque si quiero pensar en un unicornio de colores, puedo hacerlo. En la dimensión mental todo es posible y el único límite es mi propia mente.

Y aunque puede que esté equivocado, la realidad es que esta fe absoluta es la que siempre me permite encontrar los modelos que ando buscando.

Unas veces tardo más y otras veces tardo menos.

En cualquier caso mi experiencia es que, en el viaje al mundo de las ideas, quien cree que no encontrará deja de buscar.

En cambio, quien cree que encontrará, simplemente busca y por eso, más tarde o más temprano, encuentra.

Pero lo más relevante de todo es que el que busca con fe ya ha encontrado lo más valioso desde el principio.

LA CONEXIÓN

La palabra «religión» viene del latín *«religare»* que significa «reconectar».

Atendiendo a su etimología, el acto religioso sería un proceso de comunicación con una realidad mayor que nosotros.

En este sentido, modelar conocimiento es un ejercicio espiritual.

Nos conecta con esa realidad y nos hace mejorar para ser más efectivos en la vida práctica.

Pero lo verdaderamente importante de este encuentro con lo intangible no es ni siquiera lo que nos llevamos a este mundo en forma de ideas o conceptos.

Lo verdaderamente importante es el hecho en sí de poder conectar con ese mundo infinito.

Porque, al menos en mi experiencia, esta conexión me hace sentir verdaderamente vivo, me aporta un sentido que no puede expresarse con palabras y me llena de esperanza.

La esperanza de saber que todo es posible, que la magia existe y que lo que hoy parece una fantasía mañana se puede convertir en algo cotidiano.

El futuro es de aquellos que, con mucha fe, se lanzan a explorar el mundo de las ideas.

Pero ¡cuidado!, se trata de una exploración que requiere de mucha cautela.

Porque cuanto más fascinantes son los hallazgos, más fácil es convertirse en un esclavo de esa fascinación.

PODEROSO CABALLERO

Cada vez se habla más de la posibilidad de hacer desaparecer el dinero físico con el fin de erradicar el fraude fiscal.

Las voces en contra de esta medida consideran que así nuestros ahorros estarían a merced de las autoridades y de los bancos, que podrían retenerlos o hacerlos desaparecer con solo apretar un botón.

Pero en realidad el valor de un billete también depende de esas mismas autoridades, y por supuesto de los caprichos del mercado, la geopolítica y la locura humana. En cuestión de pocas horas todos los billetes de un país se pueden convertir en simples trozos de papel pintado.

Porque el dinero no es la riqueza, sino que solo la representa.

Es bueno recordarlo si me encuentro perdido en mitad del desierto con una mochila que contiene veinte quilos de oro. Lo mejor que puedo hacer es desprenderme de ese lastre cuanto antes.

LA TRAMPA DE
LA FORMA

Si te entrego agua en un vaso, lo indicado es que bebas el agua y dejes el vaso, no que intentes comerte el vaso.

Sin embargo, cuando se da forma a un modelo y ese modelo resulta exitoso, la mente tiende a identificar y fundir el modelo con la realidad como si fueran una misma cosa.

Caemos en la trampa de creer que el modelo es la realidad que representa. En palabras de Korzybsky, confundimos el mapa con el territorio.

En ese momento las formas de conocimiento se convierten en dogmas y los dogmáticos en peligrosos fanáticos.

Los fanáticos religiosos interpretan los textos literalmente y adoran a los símbolos y a las imágenes, olvidando completamente aquello que representan.

Se convierten en individuos poco o nada religiosos que han perdido la conexión con lo divino.

Los fanáticos científicos ignoran las evidencias que demuestran que sus leyes tienen lagunas inexplicables o incluso contradicciones. Atacan ferozmente al que se atreva a poner en duda lo que las autoproclamadas autoridades científicas han certificado como válido.

Sustituyen así la ciencia por la superstición: lo que vale no es lo que se comprueba, sino lo que alguien con autoridad dice que vale. Son un obstáculo para el avance científico.

No aceptan que la ciencia siempre está basada en principios indemostrables. El hecho de que la Tierra dé una vuelta sobre su eje todos los días no significa necesariamente que mañana vaya a hacerlo de nuevo. Aceptar que la ciencia no es absoluta es la única manera de hacer verdadera ciencia.

Pero hay fanáticos en todas partes, no solo en el ámbito religioso o científico.

En general, cuanto más cerca se está del conocimiento, más probable es convertirse en uno de ellos.

Ninguno estamos a salvo.

LA FORMA SIN FORMA

Decía Bruce Lee que *Jeet Kune Do*, el arte marcial que él había creado, era una forma sin forma.

Que los estilos son útiles para aprender, pero que es mejor deshacerse de ellos tan pronto como los hayamos adquirido.

O de lo contrario, esas mismas formas se convertirán en un límite esclavizador imposible de traspasar.

Explicaba que las técnicas formales son como una embarcación que uno usa para atravesar el río.

Una vez hemos cruzado, lo mejor es dejar el bote allí mismo. No tiene sentido llevarlo a cuestas el resto del camino.

Lo indicado con las ideas es que, una vez las adquirimos, seamos capaces de trascenderlas, de ir más allá de lo que su forma muestra. Desprendernos de ellas.

De lo contrario, son ellas las que se apoderarán de nosotros.

DAR FORMA, QUITAR FORMA

Otro personaje muy sabio, pero en este caso ficticio, el señor Miyagi, de *Karate Kid*, explicaba que la mejor manera de aprender Karate consistía en «dar cera... pulir cera...».

De la misma manera, el camino del conocimiento consiste en dar forma para luego desprenderse de esa forma.

Esto significa, por un lado, que cuando modelamos alguna idea es aconsejable que continuemos nuestros pasos hasta descubrir los límites de las formas que nosotros mismos hemos creado.

Para poder así alcanzar nuevas y mejores formas cada vez.

Es un camino de transformación que nunca termina. Todas las formas son perfectas y al mismo tiempo ninguna lo es.

Pero también significa que cuando compartimos con alguien el conocimiento que hemos modelado, no basta con comprobar que esa persona sabe explicarnos el modelo.

El conocimiento profundo se alcanza solo cuando la persona sabe aplicarlo a su contexto, cuando es capaz de leer en el modelo aspectos que nosotros no habíamos percibido, y especialmente, cuando es capaz de ver sus inconsistencias y sugerir mejoras.

El éxito no es trasladar un conocimiento, sino lograr que el oyente supere ese conocimiento.

Entonces el maestro se convierte en alumno y el alumno en maestro.

El verdadero maestro es en realidad una forma sin forma.

Porque solo es maestro cuando deja de serlo.